L'histoire du cochon sur la banquise

Ronan Badel

Éditions Lito

Pour Isa au Pays-Bas,
pour David à Montparnasse.
R. B.

© Lito, 2009
ISBN 978-2-244-40539-1

Comment raconter cette histoire ?
Imaginez un avion
qui fonce pleins gaz dans un orage,
pile au-dessus du pôle Nord...
ou Sud peut-être.

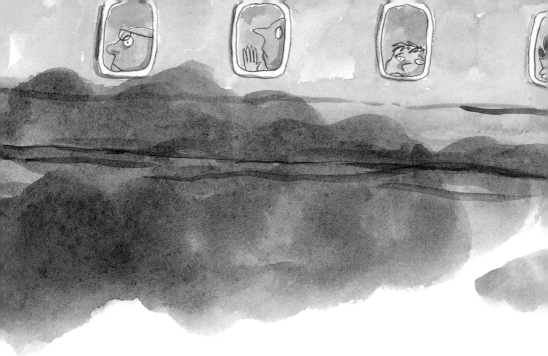

À l'intérieur les passagers ne font pas les malins.
Il faut avoir le cœur bien accroché,
les mains bien cramponnées.

Une violente secousse et ZOU !
par-dessus bord les clandestins.

SPLATCH,
SPLOTCH,
SPLOUTCH !
Dans la neige.

Au Pôle, on n'a jamais vu une vache,
un mouton ou un cochon.
Jamais !

Se sentant menacée,
la vache garde son calme.
Droite dans ses sabots,
elle parle de lait et de petit déjeuner.
C'est l'instinct de conservation.
Elle s'en est bien tirée, la vache.

Pour sauver sa peau, il faut de la repartie.
– Une laine qu'on tond et qui repousse,
approchez, approchez !
La qualité n'a pas de prix,
un manteau peut sauver une vie...
de mouton.

Au suivant !
Tous les regards vers le cochon.

Vite une idée, une formule, un slogan.
Il réfléchit... heu... heu...
Vite n'importe quoi !
Il bé-bégaye... heu... heu...
– Tout est bon dans le cochon ?

Ça n'a pas traîné.
– Le premier qui l'attrape a gagné !
– Les enfants, vous pouvez jouer.
C'est gratuit, ça coûte pas un rond,
attrapez le cochon !

Que c'est drôle de patauger dans la poudreuse,
mais toutes les bonnes choses ont une fin.
C'est que rire et galoper, ça creuse.
Le cochon est coincé.
– À table les copains !

Ce soir, autour du feu, c'est réveillon.
On rigole, on raconte les meilleurs moments :
quand t'as glissé dans le tournant,
quand on a vu courir dans la neige le cochon.
C'est hilarant !
– Qui reprend du poisson ?

Depuis ce jour il y a un igloo,
un de plus sur la banquise.
À l'intérieur vit un cochon.
Le plus drôle et le meilleur des amis.
Un de plus sur la banquise.

Comment terminer cette histoire ?
Imaginez un pays loin du soleil,
un endroit où pour se réchauffer,
y a pas d'autres solutions
que de se tenir serrés-serrés,
copains comme cochons.

Un pays tout au nord...
ou tout au sud peut-être.

Retrouve d'autres histoires de

La minute du papillon

Ti-pirate
Qui me dérange dans mon terrier ?
Le bébé de la sorcière
Mais que se passe-t-il ?
Tam-tam et fanfare
Le bal des Zanimos
Les Zanimos barbouillent
Aux bras, aux bras !
Fais-moi une petite place !
Et moi ?
Même pas peur !
Trois, c'est trop !
Moi aussi, je veux jouer !
Miam-miam !
Le Père Noël est en retard
Kiki le canari
À l'intérieur d'un éléphant
La grenouille qui ne voulait plus être verte
La galette du roi loup
Valentin petit roi
Valentin-peur-de-rien
Quand les souris dansent...
Qui c'est ce zozo ?
À l'attaque !
Une si jolie dent de lait
Le vieux loup de la forêt
Bouline, la vache sans tache
Mon papa est un dragon
L'histoire du cochon sur la banquise
Le prince et la charmante sorcière

www.editionslito.com

Lito 41, rue de Verdun 94500 Champigny-sur-Marne
Imprimé en UE
Loi n° 49-956 du 16 juillet 1949 sur les publications
destinées à la jeunesse
Dépôt légal : février 2009